AF462542

L4h
2483

Napoléon, Bülow et Bernadotte

Lk⁴
2483

DU MÊME AUTEUR :

Un désastre prussien, Causerie tactique sur le combat de Trautenau. — 2e ÉDITION. *Charles-Lavauzelle, éditeur.*

Réseau d'infanterie et son emploi tactique, *Revue du génie,* mai et septembre 1905.

Défense offensive et reconnaissance d'état-major de la position de Magny-Fouchard. — Causerie sur la tactique de la fortification de campagne. *Berger-Levrault, éditeur,* 1905.

Sur les semi-fluides. — *Sous presse.*

Vers Sadowa, Causerie stratégique. — *En préparation.*

Jules DUVAL
CHEF DE BATAILLON DU GÉNIE
BREVETÉ D'ÉTAT-MAJOR

NAPOLÉON, BULOW
ET BERNADOTTE
1813

(OFFENSIVES CONTRE BERLIN)

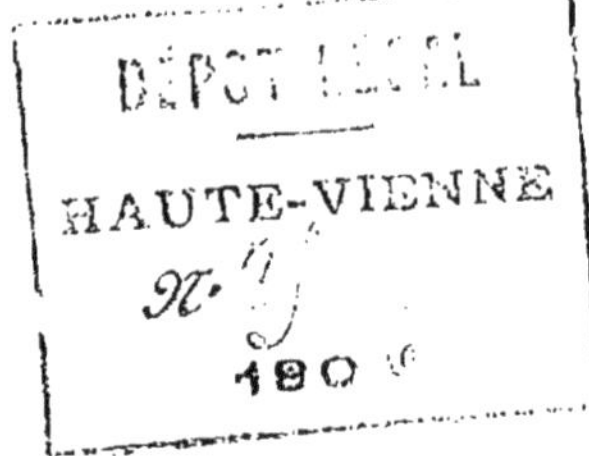

PARIS
HENRI CHARLES-LAVAUZELLE
Éditeur militaire
10, Rue Danton, Boulevard Saint-Germain, 118

(MÊME MAISON A LIMOGES)

INTRODUCTION

Nous allons étudier quelques épisodes de l'ère grandiose, qui s'ouvre avec un bel éclat de crépuscule à Lutzen, pour s'éteindre dans les ombres sanglantes du champ de bataille de Leipsick.

Peu connues sont les offensives lancées en 1813 par Napoléon contre la capitale prussienne.

Cherchant à soulever le voile des événements pathétiques de cette année aussi glorieuse que néfaste, nous avons trouvé que ce coin du tableau offrait un vif intérêt et méritait d'être exposé au grand jour.

Sans doute le grand drame se déroule ailleurs : là où est l'Empereur! sans doute les actes principaux se jouent à Lutzen et Bautzen, à Dresde, et le dénoûment, d'ampleur colossale, s'appelle Leipsick! Devant Berlin, au contraire, s'il entre souvent en scène un personnage qu'accueille le murmure haineux des spectateurs — *Bernadotte*, nous attendons vainement le maître, réduits à suivre le jeu hésitant de doublures, Ney, Oudinot, assistant à des coups de sonde, jamais à de vrais coups de théâtre.

Cependant les luttes au sud de la Havel et de la Sprée paraissent passionnantes et renferment de hautes leçons historiques et militaires. Ainsi les généraux prussiens, et à leur tête *Bülow*, émule de Blücher, se révèlent *offensifs*, font acte d'initiative, de solidarité, ont un but, le visent jusqu'au bout; la landwehr accourt au feu, la landsturm fait le branle-bas de combat, la Nation armée franchit les portes du champ de bataille.

Entre des marais, à travers les landes, dans cette brousse prussienne, *brussa* ou *prussa*, tout marche, tout vit, on sent impulsion, force, volonté de vaincre : ils ont vaincu !

Cela pouvait inspirer bien des réflexions avant Sadowa, cela aurait dû hanter nos souvenirs avant 1870 : cela peut-il devenir indifférent aujourd'hui ?

Nous aurons enfin l'occasion d'observer curieusement les *Berlinois* et gens de la banlieue aux instants les plus critiques, de chercher en eux ce souffle prusso-allemand qu'on a tant comparé à l'élan des Français de 1792.

La capitale prussienne, occupée après Iéna, devait, l'an 1813, rester vierge d'une nouvelle humiliation, grâce à trois journées qui jalonnent notre étude : Luckau, Gross-Beeren, Dennewitz.

Ayant parcouru cette période fatale à nos destinées, on trouvera que si ces victoires eurent pour la Prusse et la coalition d'immenses résultats, elles pâlissent devant l'éclat éblouissant d'un événement semblable dans une situation semblable : *Valmy !*

DOCUMENTS CONSULTÉS:

Les ouvrages et mémoires énumérés dans *Das Jahr* 1813 *bis zur Schlacht von Gross-Gœrschen* (1813 avant Lutzen), par *Bruno von Treuenfeld*, Leipzig 1903.

Ire PARTIE

BERLIN APRÈS LUTZEN

I^RE PARTIE

BERLIN APRÈS LUTZEN

I

Berlin, place du moment

Le 2 mai 1813 l'Empereur remporte la victoire de *Lutzen*, après une lutte si acharnée que ce nom glorieux évoque ceux, devenus historiques, de tous les villages tant disputés du champ de bataille : Gœrschen, Kaja, Rahna, Eisdorf, Starsiedel! tandis que vibrent à nos oreilles les échos de la proclamation fameuse : « *Soldats, je suis content de vous!* »

Blücher et les alliés battent vivement en retraite, ayant hâte de voir cent lieues de pays entre eux et les Français.

Le gouvernement prussien, tremblant pour sa capitale, donne à Bülow, qui la couvre avec son corps d'armée, l'ordre de mise immédiate en état de défense : le général envoie le commandant du génie Markoff préparer une position avancée et détache de son état-major le colonel von Boyen, avec mission de combiner les ouvrages à créer en un ensemble méthodique. Le roi, de son côté, charge le surintendant des bâtiments, ancien officier d'artillerie, d'établir un projet de défense intérieure.

Les points principaux de l'organisation sont discutés dans un conseil de guerre, où l'on se fait d'étranges illusions, car le gouverneur s'écrie à l'issue de la séance :

« Que l'ennemi nous laisse encore quelques jours et « nous serions désolés qu'il ne vînt pas ! »

On allait faire de Berlin une *Place du moment.*

L'organisation comportait trois lignes de défense. La lisière méridionale de la ville s'étendant un peu au nord du Flossgraben, derrière ce canal on développerait une ligne rapprochée; au delà court, dominant la plaine de Tempelhof, la crête des hauteurs de Berlin, qui devenait la ligne intermédiaire; la ligne avancée, ou des cours d'eau Nutte et Notte, devait s'appuyer d'un côté à Potsdam, de l'autre aux étangs et marais de la Sprée (1).

(1) Croquis n° 1.

II

Les Berlinois

La résolution de défendre la capitale va se heurter à l'indifférence ou à l'hostilité des Berlinois et municipalités de la région menacée.

Scharnost et Gneisenau avaient affiché cette proclamation :

« Transformons nos monuments luxueux en cita-
« delles; ils seront ainsi mieux employés qu'à la pa-
« rure du trône. Tombent les palais plutôt que de ser-
« vir au tyran ! »

On ne fit rien tomber : l'idée de préparer la guerre de rues déplut trop aux habitants pour avoir aucune suite.

Le colonel de Boyen arrive le soir dans cette ville qu'il vient mettre en état de défense et dépeint sa physionomie :

« Elle fête bruyamment la *victoire*, les serpenteaux
« sillonnent les rues illuminées : quel contraste avec
« ma mission ! »

Et il admire son gouvernement, qui a exploité habilement ces deux circonstances : l'Empereur surpris, puis ne pouvant poursuivre, faute de cavalerie; « la Prusse « triomphe, dit-il, de n'avoir pas été écrasée à Lutzen « et feint d'oublier que l'armée gagne l'Elbe, aban- « donnant Berlin ». Puis il ajoute cette appréciation sur les sentiments belliqueux des Berlinois :

« Les classes indigentes, la masse des paysans, la
« bourgeoisie industrielle et une partie de la noblesse

« campagnarde étaient prêtes à tous les sacrifices pour « une résistance virile. Mais, sauf Wittgenstein et « quelques gens de cour, les familles nobles, des fonc- « tionnaires énervés, de riches marchands, effrayés par « cette agitation, redoutaient autant la multitude ar- « mée que la vengeance possible de Napoléon. Ils trou- « vaient *fabuleux, inouï*, de voir *des gens riches ou dis- « tingués* comme eux, forcés à prendre part aux actes « de la guerre ! »

La situation n'empêche point de valser à Berlin, ce que Boyen nous apprend en admirant ce bel exemple de patriotisme féminin : un comte S..., référendaire, le héros de toutes les réunions dansantes, l'*arbitre des élégances,* se voit mis en quarantaine par les jeunes Berlinoises, parce que, « préférant rester près de papa et maman », il s'est dispensé de rejoindre les drapeaux comme ses camarades.

III

Combat de Luckau

Le colonel Boyen va reconnaître les positions et s'empresse d'arrêter les grandes lignes.

Les travaux commencent avec un zèle si éphémère qu'il faut remettre à plus tard la fortification des hauteurs de Berlin, afin de se consacrer à la défense du Flossgraben.

Celle-ci néanmoins se prépare sans enthousiasme. Deux mois après, le roi étant venu visiter les ouvrages, remarqua, indigné, que le parapet de la principale redoute, à la porte de Halle, ne pourrait résister au moindre projectile. Comme on lui en montrait une autre sur la route de Potsdam : « J'avais cru, dit-il, que c'était un jeu d'enfants. »

Sur la ligne Nutte-Notte le major Markoff charge les ingénieurs civils des inondations et répartit les secteurs entre trois officiers du génie, qui se plaignent bientôt des conseillers cantonaux, qui n'envoient pas assez de travailleurs.

Cependant *Ney marche contre Berlin ;* lorsque le général de Bülow, reculant devant lui, atteint les premiers ouvrages, il constate qu'on a fait « peu ou rien ». Fort heureusement pour les Prussiens, l'Empereur rappelle le prince de la Moskowa, lui réservant le rôle décisif dans sa manœuvre de *Bautzen*. Bülow le suit, puis, après la victoire de Napoléon, se replie sur Wittenberg.

Oudinot, commandant le 12e corps d'armée, est chargé

à son tour d'enlever la capitale et prend les forces de Bülow pour objectif.

Ce général, affaibli de 8.000 hommes, laissés à Boyen devant Wittenberg, marche à la rencontre du duc de Reggio. Le choc se produit à Hoyerswerda : les Prussiens vaincus se retirent précipitamment vers Kotbus (1).

Au lieu de poursuivre, Oudinot conserve quelques jours ses positions, puis imagine un vaste mouvement circulaire pour couper à l'adversaire la route de Berlin. Sa conversion finie, se figurant Bülow immobile, il se rabat sur Kotbus; mais son ennemi a prudemment gagné le large, rappelant ses détachements, et se trouve concentré près de Luckau. Oudinot se redresse et attaque les Prussiens, qui, encore battus, se replient dans cette petite ville, entourée de murailles avec fossés pleins d'eau. Assuré de ce point d'appui, que les Français s'entêtent à assaillir de front, Bülow exécute une contre-offensive par ses deux ailes et force notre 12e corps à la retraite.

Alors, très inattendu, survient l'*armistice*, qui doit perdre Napoléon.

Nous voilà à l'un des moments les plus solennels de l'épopée impériale.

(1) Voir *Luckau*, au croquis n° 1. Kotbus est à l'est et Hoyerswerda au sud-est.

IV

Travaux de défense

La ligne des hauteurs de Berlin est remise en train à l'armistice.

Dès le début surgissent de grosses difficultés : les chefs de canton ne peuvent requérir les hommes, outils et voitures en quantité suffisante. Il y avait bien une ressource disponible, la garde nationale, mais « *comme elle se recrutait dans les classes aisées,* il ne fallait pas songer à l'employer » !

Le gouverneur comble le déficit en opérant un triage parmi les dispensés et libérés des landwehr et landsturm et se procure ainsi d'abord plusieurs milliers de travailleurs, puis quelques centaines, enfin moins de cent, les femmes comprises !

L'enthousiasme contre le tyran paraît bien refroidi.

Le roi lui-même, tenté de renoncer devant l'opposition des Berlinois, invite Bülow à examiner si les dispositions en cours sont réellement indispensables et à se limiter au strict nécessaire. Le général, peu partisan de la ligne rapprochée, répond qu'il faut terminer l'organisation des hauteurs de Berlin.

L'inspection du prince de Suède, commandant en chef l'armée du Nord, vient imposer de l'animation aux chantiers languissants.

Loin de consentir à des réductions, Bernadotte prescrit de transformer en citadelle la redoute principale du Weinberg, au sud de Berlin, et de l'envelopper d'a-

BIBLIOTHÈQUE NATIONALE R.F. IMPRIMÉS

batis sur une circonférence d'une lieue. Il ordonne de faire venir 1.500 outils, cadeau des Anglais, qui se rouillaient à Spandau (1); le conseil municipal devra livrer des bois, fournir des terrassiers, charpentiers et voitures.

La désignation des corvéables donna lieu à bien des frottements et froissements (*Frictionnen*, dit un texte prussien) : la fortification devenant affaire communale, plusieurs catégories de citoyens ne pouvaient plus être légalement requises, par exemple : les provinciaux, étudiants, domestiques; dès lors chacun s'empressait de faire valoir un cas d'exonération.

Le conseil se voit forcé d'autoriser le remplacement, sous réserve que seront refusés *les petits enfants et les vieilles femmes !*

Les travaux traînent jusqu'en fin juillet, moment où Bernadotte y fait employer les deux divisions de réserve.

Malgré cette décision les lignes défensives sont loin d'être prêtes à l'expiration de l'armistice.

(1) Le subside des Anglais comprenait un stock très varié : armes, munitions, effets, ustensiles de ménage, draps mortuaires, 600 vases de nuit ! (Boyen. *Erinnerungen.*)

V

Réclamations des Berlinois

A la reprise des hostilités, se font toujours attendre sur la ligne des hauteurs de Berlin les charpentiers de la capitale, dont on peut d'ailleurs se passer, car les bois réclamés par Bernadotte ne sont pas arrivés !

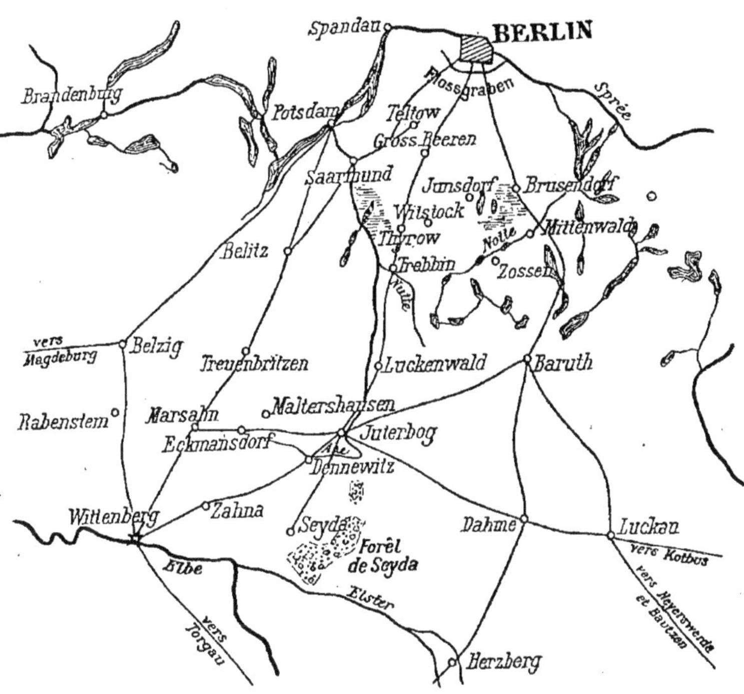

Croquis n° 1. — Plan d'ensemble.

Le conseil municipal expose à Bülow que ce n'est plus la peine de continuer :

« Adressez-vous au prince de Suède, qui a donné les

« ordres, répond le général; quant à la fortification « intérieure, c'est, à mon avis, une véritable *don Quichotteric.* »

Les autorités réclament alors :

« Les forces de la cité s'épuisent en efforts stériles, « comme le montre l'inutile défense rapprochée; que « soient frappés ceux qui ont encouru la responsabilité « de pareilles dispositions ! »

Le gouvernement prend cette décision :

« La ville se trouve parfaitement en état de satisfaire « aux exigences de la situation; rien ne sert de récri- « miner; les travaux prescrits seront exécutés. »

La ligne avancée est bientôt après terminée sur la Nutte et la Notte, mais non entre ces deux cours d'eau.

A ce moment les paysans s'empressent de fuir, emmenant leurs troupeaux, — si loin qu'ils vont affamer les coalisés eux-mêmes : *Oudinot,* à la tête de 70.000 hommes cette fois, avec 200 canons, approche de la capitale.

IIe PARTIE

OFFENSIVE DU MARÉCHAL OUDINOT

IIE PARTIE

OFFENSIVE DU MARÉCHAL OUDINOT

VI

Oudinot, Bülow et Bernadotte

L'Empereur n'a pas renoncé à son idée constante de faire flotter encore le drapeau tricolore sur la résidence royale de Prusse. C'est maintenant une armée qu'il détache contre Berlin : au maréchal *Oudinot*, outre son 12e corps, il donne le 4e *(Bertrand)* et le 7e *(Reynier)*, formant ensemble quatre divisions d'infanterie française et cinq alliées (saxonnes, bavaroise, wurtembergeoise, italienne), plus une réserve de cavalerie de 6.000 chevaux.

Enfin la division Girard doit rompre le blocus de Magdebourg et marcher contre le flanc droit de l'ennemi.

Bernadotte, commandant en chef de l'armée du Nord, dispose d'au moins 100.000 hommes, formés en quatre corps dont ceux prussiens de *Bülow* (1) et *Tauenzien,*

(1) Le corps de Bülow comprenait 4 divisions d'infanterie : *Hesse-Hombourg*, *Thümen*, *Borstel*, *Krafft* et un bataillon de chasseurs ; 32 bataillons 1/2 (dont 10 de landwehr), 20 escadrons (dont 8 de landwehr), et 4 batteries. Sa cavalerie (*Oppen*) avait 33 escadrons (dont 12 de landwehr), avec 2 batteries à cheval ; les Cosaques comptaient 10 escadrons. Réserve d'artillerie : 4 bat-

le premier doté d'une nombreuse cavalerie sous les ordres d'*Oppen*.

« J'espère, a dit l'Empereur à Oudinot, que vous re-« pousserez rapidement l'ennemi, entrerez dans Berlin, « disperserez la landwehr et ce ramassis de mauvaises « troupes. »

La comparaison des forces opposées, la difficulté extrême du terrain, l'état des travaux, maintenant assez importants, de la ligne Nutte - Notte, font paraître trop lourde la tâche incombant au duc de Reggio : elle ne pouvait être menée à bien que par Napoléon en personne. Cependant, comme nous verrons, le maréchal arriva fort près du but et, s'il échoua, ce fut par son manque de commandement, de décision et de rapidité.

Le 15 août son 12e corps stationne à Baruth, au sud de la Notte, à trois journées de Berlin ; le reste de l'armée n'y sera concentré que le 18 soir. Bülow soumet à Bernadotte cette proposition : « A Baruth se trouve un « seul corps ennemi ; l'honneur et l'intérêt de la coali-« tion exigent que vous opériez offensivement pour le « détruire. »

Mais il ne put triompher des hésitations du prince ou de son parti pris de temporisation (1).

Bülow, que nous allons voir à l'œuvre, a 58 ans. Petit, maigre, solide, résistant, franc, bienveillant, énergique, offensif, il possède la confiance des chefs et de la troupe.

Bernadotte — 49 ans — élancé, imposant, l'œil plein

---

teries, plus 24 pièces russes ; génie : 2 compagnies 1/2. Le corps avait enfin des colonnes de munitions, de vivres, de boulangerie et un dépôt de remonte mobile.

(1) Bernadotte ordonna le 19, pour le lendemain matin, quelques dispositions : il avança à Teltow (sud-ouest de la capitale) les Russes, à Ziethen (sud) les deux divisions de réserve de Bülow, les remplaçant à Berlin par Tauenzien ; les Suédois restaient à Charlottenburg (ouest).

de feu, beau parleur, habile, liant, temporisateur, a du coup d'œil, mais se perd dans les détails. C'est *un agité*. Il ne plaît pas aux troupes prussiennes et redoute d'être en présence de Napoléon.

Tels sont les principaux adversaires d'Oudinot.

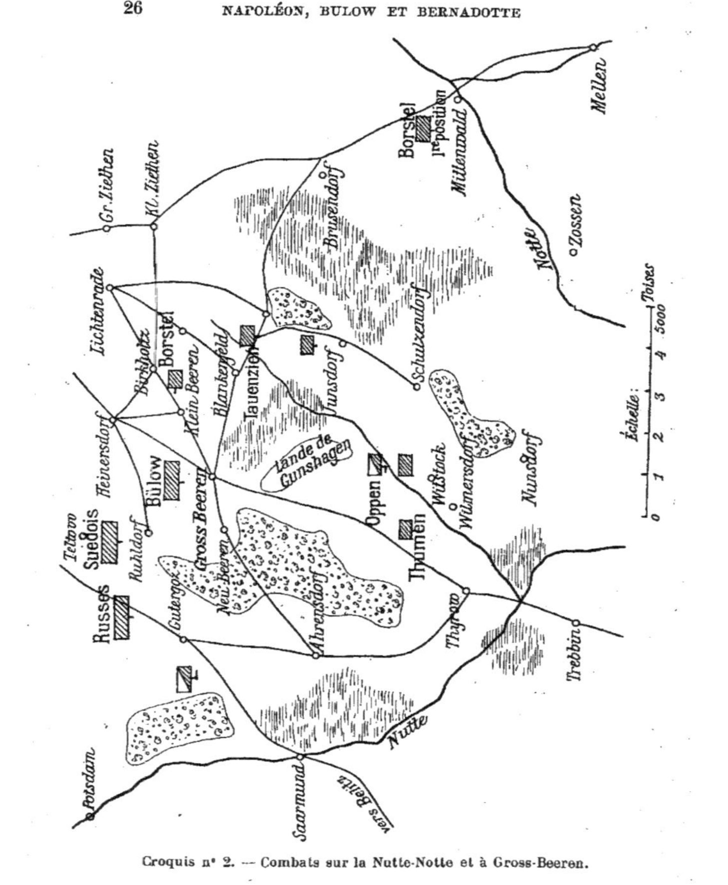

Croquis n° 2. — Combats sur la Nutte-Notte et à Gross-Beeren.

VII

Assaut de la ligne Nutte-Notte

Le maréchal, d'après une Instruction de l'Empereur, fixant pour ligne d'opérations la route Wittenberg-Berlin, afin de s'approcher de Girard, effectue le 19 août avec le gros de ses forces une marche latérale à gauche, qui l'amène vers la Nutte. Ce mouvement devient, par suite des circonstances, une manœuvre, qui faillit donner de grands résultats : la nombreuse cavalerie coalisée ne s'en aperçoit pas et croit même nos troupes repliées vers le sud ! Malheureusement, lenteur inopportune, maladresse inconcevable, Oudinot demeure immobile le 20, s'occupant personnellement d'organiser sa ligne de communications. Pour comble de fatalité, tandis que, ce jour encore, les rapports contradictoires cachaient la vraie situation à l'ennemi, vient la lui révéler en détail un officier français fait prisonnier, aussi bavard qu'étourdi.

Dans la nuit du 20 au 21 Bernadotte avance sa droite et la renforce (1).

Le 21 après-midi le 12ᵉ corps enlève *Trebbin* (Nutte), le 7ᵉ *Nunsdorf*, le 4ᵉ *Mellen* (sud de la Notte) (2).

Le soir, avant de connaître le résultat des combats de la journée, Bernadotte lance les ordres suivants :

A la division d'avant-garde *Thümen*, détachée du

(1) Il porte les divisions de réserve de Bülow à Saarmund, les Russes à Belitz ; son quartier général vient à Potsdam.

(2) Croquis n° 2.

corps de Bülow : attaquer immédiatement le flanc gauche et les derrières de l'ennemi qui marcherait sur Zossen (Notte) ou voudrait percer entre Nutte et Notte;

A l'autre division avancée *Borstel*, du même corps : tenir jusqu'à la dernière extrémité la position de Mittenwald (Notte);

Au corps de réserve *Tauenzien* (à Berlin) : marcher sur Gross-Beeren;

Aux précédents et à la cavalerie *Oppen :* si le flanc droit de Borstel vient à être tourné, Tauenzien et Oppen se hâteront à son secours;

Aux deux divisions de réserve de *Bülow :* se tenir le 22, à 3 heures du matin, en ordre de bataille devant Saarmund;

Aux *Suédois :* marcher le 22, entre 5 et 6 heures du matin, sur Saarmund;

Aux *Russes :* se replier sur la même localité, ne laissant qu'un détachement à Belitz.

C'est la concentration à Saarmund, *c'est l'abandon de Thümen :* il paraît donc extraordinaire de voir confier une mission offensive à ce général, dont les forces sont déjà insuffisantes pour protéger une ligne très étendue.

VIII

Conférence de Saarmund

Bernadotte écrit dans la nuit à Blücher : « Mes avant-« postes ont été attaqués par le duc de Reggio; je mar-« che pour lui livrer bataille. »

Bientôt après il prend la décision d'abandonner Berlin et de se retirer sur la rive droite de la Sprée.

Le 22 matin il a près de Saarmund une conférence avec plusieurs généraux et justifie cette intention par la méfiance que lui inspirent les nouvelles formations.

Bülow répond : « Les troupes que vous avez l'honneur « de commander sont les meilleures de l'Europe : les « *Prussiens* ont fait leurs preuves avant l'armistice; les « *Russes* foulent ce sol, venus ici à la poursuite de « vaincus; quant aux *Suédois*, il ne m'appartient pas « d'en faire l'éloge. En tout cas, je ne vous suivrai point « sur la Sprée sans qu'une bataille soit livrée pour « sauver la capitale. *Nos os blanchiront de ce côté de* « *Berlin et non sur l'autre rive !* »

Bernadotte, obligé de céder, fit seulement effectuer un léger recul sur Ruhlsdorf; Bülow, devant former l'extrême gauche, doit marcher de Saarmund sur Heinersdorf par Gross-Beeren.

L'armée du Nord occupe la position de Ruhlsdorf le 22 après midi.

Les 5.000 hommes de Thümen se trouvaient ainsi encore plus en l'air dans le camp de Thyrow, avec de multiples postes détachés. Déjà, la nuit précédente, ce général s'était aperçu que les feux des bivouacs français brillaient très nombreux à Trebbin-Nunsdorf et avait jugé l'ennemi plus fort qu'on ne croyait. N'ayant reçu à 4 heures du matin aucun renseignement au sujet des intentions du commandant en chef, il écrivit à Bülow : « J'ai toute l'armée française en face de « moi ou au moins 20 à 30.000 hommes; si donc il ne « m'arrive pas de renfort, je serai écrasé à mon aile « gauche. *On peut se faire tuer — soldat, je le ferai « avec plaisir — mais on ne peut rendre possible ce « qui est impossible.* »

De grand matin, le 22, Oudinot reconnaissait avec le duc de Padoue la position de Thümen et décidait de la tourner par l'est; il rencontrait ensuite Reynier et Bertrand à Nunsdorf : les dispositions furent arrêtées et les généraux rejoignirent leurs troupes, déjà sous les armes.

Thümen est attaqué à midi.

Le 7e corps enlève *Wilmersdorf*, puis la position de *Witstock*, pendant que le 4e emporte le défilé de *Junsdorf*. Thümen bat alors en retraite sur Heinersdorf.

IX

Combat de Junsdorf

Portons-nous d'abord à l'aile droite française, où se livre le *combat de Junsdorf*.

Bertrand aborde un terrain fort difficile : le chemin de sa colonne traverse, entre les étangs, la zone marécageuse sur une longue digue battue de flanc par la hauteur *des Tilleuls,* et aboutissant, vers l'entrée de Junsdorf, au front défensif composé d'une redoute et de plantations d'aunes. L'accès était presque impossible par le sud, tout à fait au levant, mais à l'ouest une ondulation permettait de tourner les Tilleuls et d'atteindre la lisière septentrionale du village.

Les pointes d'avant-garde du 4e corps apparaissent à midi. Le défilé n'est alors défendu que par un bataillon, un régiment de cavalerie et deux canons. Tauenzien, qui précède son corps d'armée, vient aux Tilleuls, d'où il aperçoit l'ennemi. Jugeant que sur un pareil terrain un léger renfort suffit, il y appelle seulement deux bataillons, un peloton de cavalerie, deux pièces, et envoie l'ordre au gros des troupes de se porter de Blankenfeld à Brusendorf pour soutenir le camp de Borstel à Mittenwald.

Comme le canon tonne avec violence vers Witstock, le général français se décide à l'attaque. Tandis qu'une colonne échoue sur la digue enfilée par les balles et la mitraille, il enlève les Tilleuls et, tournant Junsdorf, y pénètre au nord.

Tauenzien, pendant le déploiement de l'ennemi, avait fait courir au galop après son corps d'armée, qui fut rejoint à sa halte de Brusendorf et, n'ayant plus le temps d'arriver, regagna Blankenfeld.

Bertrand, satisfait d'avoir forcé le défilé, n'osa s'engager au delà dans la lande; il ramena même son gros à Schutzendorf, une forte avant-garde bivouaquant autour de Junsdorf, ses avant-postes au contact de l'ennemi.

En agissant audacieusement plus tôt, sans attendre le canon ami, on eût obtenu de grands résultats. Il fallait d'ailleurs un chef très énergique pour oser pousser jusqu'au débouché de Blankenfeld, si loin de l'armée, avec laquelle il risquait de perdre toute liaison, ignorant les forces que cachait cette lande entourée de marais, sachant l'existence de troupes nombreuses à Mittenwald.

C'est Oudinot qui aurait dû percer en masse par Junsdorf ou, faisant là une simple démonstration au moyen d'une brigade mixte bien commandée, foncer avec le gros de ses forces plus à l'ouest. Une offensive d'armée en éventail laisse l'ennemi incertain, mais il faut quelque part le coin, le bélier, le marteau, la massue; les efforts isolés de trois corps à peu près indépendants et à peine orientés, préoccupés du sort et de l'attitude de leurs voisins, inquiets des entreprises d'un ennemi caché et mal reconnu, avaient peu de chance de conduire à Berlin, même en présence d'un adversaire qui ne savait pas prendre la décision de frapper avec ses réserves *au moment opportun et dans la direction opportune.*

X

Combat de Witstock

Il serait trop long de décrire en détail tous les brillants assauts de la ligne Nutte - Notte. Après la tentative trop timide de Bertrand à Junsdorf, nous insisterons sur le *combat de Witstock*, car il offre l'occasion de mettre en relief avec justice la bravoure déployée le 22 août par la division Durutte, qui le lendemain devait montrer un instant de défaillance et sauver ainsi Berlin et Bernadotte.

Witstock, îlot au milieu de prairies inondées ou plutôt boueuses, coupées de bandes sèches de brousse, présente sa lisière occidentale presque tangente à la Nutte et se trouve plus facilement abordable au levant, où le terrain se relève en de légères ondulations masquant les vues et les feux. Le défenseur n'avait pour sa retraite qu'un pont, origine d'une longue digue, que commandait une redoute, peu importante et inachevée.

Le bataillon détaché dans ce village avec deux pièces eut le temps de s'installer, aidé par un lieutenant du génie.

Vers midi arrivait le général Oppen, précédant le gros de la cavalerie, avec un de ses régiments.

Au même moment apparut à l'est la division Durutte, dont l'artillerie ouvrit le feu. La 2e saxonne, suivant à gauche, appuya à travers la lande faisant face à Kerzendorf (1). Le bataillon prussien se déroba, rompant

(1) Kerzendorf, à l'ouest de Witstock, de l'autre côté de la Nutte, au sud de la redoute.

le pont; les deux pièces enfilaient la digue; l'infanterie exécutait des feux rapides.

Reynier s'abstenait d'avancer, ne voulant pas risquer ce débouché difficile avant l'issue du combat du 12e corps à Wilmersdorf; il observait donc non l'ennemi, mais ses amis à gauche. Semblable conduite tenait le 4e corps à l'est, avec des circonstances atténuantes.

Ainsi Bertrand attendait Reynier! Reynier attendait Oudinot! Oudinot attendait... les événements!

Sans doute ces braves généraux, à mesure qu'ils progressaient, s'étonnaient davantage de la tâche que leur imposait l'Empereur, s'effrayaient de leur responsabilité; habitués à affronter en face le danger, à mépriser la mort, ils redoutaient ce terrain diabolique, s'y engageaient timidement, de peur d'être tournés, coupés, perdus, tandis qu'à leurs oreilles résonnait l'écho de cette plainte antique : *Varus, rends-moi mes légions!*

XI

Retraite d'Oppen

A 2 heures le général Oppen avait autour de lui 5 régiments de cavalerie, avec 14 pièces d'artillerie à cheval en action.

Les tirailleurs de la division Durutte garnissaient la lisière de Witstock et les bords de la Nutte en aval et en amont.

Le combat conserva sa même tournure traînante jusqu'à 5 heures. Afin de trouver un léger abri contre le feu, les fantassins prussiens improvisaient des retranchements avec le foin pris à de nombreux tas dans les prairies (1). Nos soldats, les imitant, portèrent tant de gerbes au bord de l'eau qu'ils eurent l'idée de s'en servir pour pratiquer des passages (2); ils gagnèrent ensuite du terrain sur l'autre rive et forcèrent les batteries de la redoute à prendre une autre position un peu en arrière.

Une longue colonne serrée de la division Durutte passa à vive allure le pont réparé et la digue. Accueillie par le feu à mitraille, elle recula quelques pas, puis s'élança de nouveau et forma le carré en voyant apparaître à droite un régiment de cavalerie, dont le chef oublia de donner le commandement : *En garde*. Il en

---

(1) Ce détail rappellera à nos anciens camarades de l'expédition de Tunisie les redoutes arabes en alfa à la prise de Sfax.

(2) Soit en comblant le ruisseau, soit en posant quelques perches ou planches sur des piles ainsi improvisées.

résulta, paraît-il, que les cavaliers arrivèrent sur les baïonnettes sans abaisser les lances(1).

Ce régiment et un autre, qui chargea aussi, furent repoussés et se jetèrent maladroitement devant les pièces. La cavalerie effectua une troisième tentative, plus à l'ouest : quatre escadrons vinrent encore s'abîmer contre l'héroïque bataillon.

Oppen fit à ce moment déboucher sa réserve, une brigade de dragons; elle eut affaire à trois bataillons, qui soutinrent cette nouvelle attaque, inébranlables.

Alors l'infanterie française couronna la hauteur de la redoute, suivie par une batterie, pendant que les tirailleurs balayaient les fourrés.

L'infanterie prussienne reculait et les batteries à cheval prenaient une position de repli, soutenues par la cavalerie, qui se retirait au pas, couvrant la retraite.

Toute la division Durutte franchit la digue et gagna du terrain au nord. Il était 8 heures.

Les troupes d'Oppen et Thümen occupèrent la lande, une arrière-garde à la lisière. Oppen continua lui-même sur *Gross-Beeren;* arrivé là à 10 heures du soir, il reçut de Bülow l'ordre de rallier le grand bivouac d'Heinersdorf. Thümen, à Gross-Beeren, était invité aussi à rejoindre ce rassemblement.

La nuit qui suivit les trois combats, notre 7e corps bivouaqua autour de Witstock, se reliant au 4e (Junsdorf); le 12e stationnait près de Wilmersdorf, les Bavarois restaient à Trebbin.

---

(1) Ce récit prussien paraît un peu extraordinaire. Dans nos stages, il nous est arrivé de voir oublier le commandement *Sabre-main!* une fois notamment, près de Mars-la-Tour, à un demi-régiment (de la 6e brigade *bis* de cavalerie, renforcée par de l'artillerie et des chasseurs à pied, dont nous étions chef d'état-major).

Cependant, bien qu'en manœuvre, les hommes se trouvaient toujours avec l'arme hors du fourreau après la charge.

XII

Indécision de Bernadotte

Revenons aux ordres de Bernadotte avant et après qu'il eut connaissance des combats du 22.

On sait que la concentration allait s'effectuer à Ruhlsdorf. Lorsque Bülow, qui devait former l'extrême gauche, parvint, au milieu de la nuit du 22 au 23, entre Heinersdorf et Lichtenrade, auprès de ses divisions Thümen et Bortsel, il reçut l'Instruction suivante en vue du combat :

« Si l'ennemi veut tourner notre gauche, le prince « compte le rejeter dans les étangs et marais de la « Sprée. Bülow se rapprochera de Ruhldsorf, envoyant « Borstel et Thümen en avant-garde de l'armée. Le « général Hirschfeld viendra de Potsdam à Saarmund « et, dès que la bataille battra son plein, attaquera le « flanc de l'ennemi, se reliant au détachement russe de « Belitz. »

Cette invitation de serrer sur l'armée est accueillie désagréablement par Bülow, qui tient à conserver son indépendance; il considère aussi que la position de Ruhlsdorf présente de nombreux défauts : elle a des bois « devant le nez » *(expression du colonel Boyen)* et permet difficilement le débouché vers l'adversaire; un défilé à dos rend même la retraite dangereuse.

A la pointe du jour, Bülow se met en route conformément à l'Instruction, mais après avoir envoyé son chef d'état-major réclamer un contre-ordre à Bernadotte. Boyen trouve le commandant en chef dans le moulin à vent de Ruhlsdorf, étendu sur un lit de sacs à farine recouverts de tapis. Après une discussion assez vive, le prince donne l'autorisation de revenir au bivouac précédent. Toutefois, ne s'y résolvant qu'à contrecœur, hésitant, il rappelle Boyen, en train de descendre à tâtons l'échelle de meunier, et lui demande encore comment se battront les Prussiens? Le colonel répond, impatient : « *En braves gens!* » court à sa monture et s'échappe, sourd à un autre appel.

Son général, qu'il rencontre bientôt, fort réjoui de la nouvelle, s'empresse de faire demi-tour, puis reçoit, à peine installé au bivouac, cet ordre de Bernadotte :

« Attaquez les corps ennemis s'avançant sur Hei-
« nersdorf; *Borstel* s'établira devant vous. Vous dis-
« posez de 30.000 hommes : le succès ne peut être dou-
« teux. *J'espère que les Prussiens se souviennent de la*
« *gloire du grand Frédéric et voudront se venger des*
« *outrages dont Napoléon les abreuve depuis dix ans!* »

Il était prescrit en même temps à Tauenzien « de
« garder sa position en face de Bertrand et de défendre
« à outrance la route de Berlin ».

Bülow exécute l'ordre en partie; il regagne Heinersdorf (avant-postes passant par Gross-Beeren), maintenant Borstel à Birkholz, décision qui causa la victoire, car ce général se trouva ainsi sur le flanc de l'armée française.

La bataille a lieu le 23 à 18 kilomètres de Berlin, tandis que les calculs de l'Empereur avaient fixé au 22 l'entrée triomphale d'Oudinot dans la capitale prussienne.

Ajoutons comme dernière disposition de Bernadotte

son ordre verbal en cas de repli, consigné ainsi *en français* sur le carnet de campagne de Boyen :

« *S'il était* un mouvement de retraite, Russes, Suédois et Bülow *gagner* les hauteurs de Berlin, Tauenzien et Borstel au Weinberg. »

XIII

Mouvement d'Oudinot

Le mouvement d'Oudinot le 23 a simplement ce but : transporter ses bivouacs à la lisière septentrionale avoisinant *Gross-Beeren*, de la bande de bois et bas-fonds marécageux, entre Nutte et Notte, au delà de laquelle s'ouvre la plaine de Tempelhof et apparaissent les hauteurs de Berlin.

Ayant l'idée préconçue que l'ennemi se trouve concentré vers la Notte, il ne pense pas avoir à combattre avant le lendemain.

La marche s'effectue en trois colonnes, éloignées, divergentes, que les accidents du sol empêchent de relier.

Quatre défilés permettent de traverser cette région difficile. Ce sont de l'est à l'ouest :

La route de Mittenwald, que le général Borstel suit dans sa retraite;

Le passage de Junsdorf, séparant de vastes marais d'une lande broussailleuse : Tauenzien le barre à Blankenfeld, où il va arrêter le 4e corps;

Le corridor au sud de Gross-Beeren, entre cette lande et un grand bois : c'est l'itinéraire de Reynier;

Le couloir d'Ahrensdorf, limité à l'ouest par les marais de la Nutte et débouchant en face de la droite des alliés : le 12e corps s'y engage.

On éprouve quelque surprise de trouver Oudinot à cette colonne excentrique : il ne sait pas être le chef de son armée qu'il pousse à l'aventure, en éventail.

Reynier a reçu l'ordre de marcher sur Gross-Beeren lorsqu'il entendra le canon de Bertrand, signal aussi du départ du 12e corps.

La 2e division des Saxons rompt à 10 heures du matin, suivie immédiatement par leur cavalerie et par Durutte. Les trains venaient ensuite, de sorte que la 1re division ne partit qu'à midi.

Lorsque Reynier débouche de la lande, à 4 heures, il aperçoit Gross-Beeren occupé par l'ennemi; plus à l'ouest, proches de Neu-Beeren, des Cosaques et un régiment de cavalerie, entre eux la hauteur du Moulin-à-vent, d'où une batterie ouvre le feu.

Son avant-garde se déploie, l'artillerie canonne Gross-Beeren, nous abordons et occupons le village.

Il croit le combat fini; averti de se tenir sur ses gardes, il répond : « Ce n'est pas ici qu'ils viendront ! » et donne l'ordre de bivouaquer.

En pleine installation va le surprendre le corps de Bülow.

XIV

Initiative de Bülow

Les Prussiens ne s'attendaient pas à un mouvement offensif des Français : la pluie tombait à torrents et les troupes fatiguées se livraient au repos.

L'après-midi, le prince de Suède est parfaitement au courant de l'isolement du 7e corps, qui se dirige en aveugle sur la masse de l'armée du Nord. S'il a réellement l'intention de combattre, il ne peut guère hésiter à assaillir ce corps pour le détruire, car le 4e, maintenu par Tauenzien, se trouve hors de portée, tandis qu'il immobilisera le 12e, très éloigné, en avançant quelques fractions de la droite.

Cependant il rédige l'ordre de retraite, *décidé maintenant à n'accepter une bataille que sur les hauteurs retranchées de Berlin.* On n'avait sans doute pas pensé à ce rôle de la ligne rapprochée, qui semblait être la position d'arrière-garde d'une armée battue, pour assurer le passage de la Sprée, non une position d'armée, étant adossée à des défilés : ponts du Flossgraben, portes et rues de la ville. En somme Bernadotte tenait à son idée fixe : éviter de se compromettre; il comptait même sans doute évacuer les hauteurs, si Bülow était battu.

Ce dernier, à Heinersdorf, entouré de ses généraux, de son état-major, d'officiers de liaison des divisions et de l'artillerie, expose *qu'il n'entend pas se retirer, qu'il se battra à Gross-Beeren.* Le temps presse à cause de l'heure tardive : les troupes sont mises en mouvement (1).

Un major va rendre compte à Bernadotte et lui demande de faire au moins une diversion contre le flanc gauche de l'ennemi. Le prince suspend l'envoi de l'ordre de retraite générale sur Berlin, mais refuse d'intervenir : « J'ai l'ennemi devant moi, dit-il : chacun doit « garder son front ».

Les ordres de Bülow comportaient cette répartition des divisions dans l'attaque de Gross-Beeren : « Borstel, formant réserve, devait *suivre* Thümen, *agir selon les circonstances* et en particulier *couvrir la gauche* du corps d'armée. »

Une Instruction complémentaire prescrivit d'occuper Klein-Beeren par 2 bataillons et de les appuyer suivant les événements.

C'est grâce à l'initiative de Borstel que la décision va se produire, foudroyante, sur le flanc droit des Français.

Le corps de Bülow prend ainsi la direction d'attaque Gross-Beeren, fort de 30.000 Prussiens et 1.200 Cosaques.

Bernadotte dit dans son Bulletin qu'il prescrivit d'enlever ce village; il semble en effet qu'il envoya cet ordre, mais pendant la marche, afin de sauvegarder son autorité.

Bülow en profita pour réclamer de nouveau un mouvement de la droite de l'armée, de manière à couper la retraite de l'ennemi. Il ne put rien obtenir. Si une brigade suédoise s'avança ensuite avec une batterie, c'est

(1) La division Kraft part à 4 heures, la division Hesse-Hombourg à 5 heures.

que son chef, par une insistance personnelle auprès de Bernadotte, se fit octroyer cette permission.

Toutes les troupes de l'armée du Nord s'étaient spontanément mises sous les armes, prêtes à marcher.

XV

Surprise de Reynier

Reynier avait ses bivouacs sur la hauteur du Moulin, longue éminence orientée est-ouest, d'environ dix mètres de commandement, avec les points d'appui Neu-Beeren en avant à gauche, Gross-Beeren à droite.

Mieux eût valu occuper le dos de terrain du Moulin par une avant-garde et rester à l'orée de la lande et du bois.

La pluie torrentielle obstruait la vue. On était probablement sans avant-postes, car « *avec le manque de* « *souci propre aux Français*, dit un texte prussien, « Reynier néglige de surveiller les environs ».

Cette vision fait songer tristement à Rezonville et à Beaumont.

Le corps d'armée, à l'effectif de 20.000 hommes, bivouaquait en deux lignes échelonnées : en avant, la 2e division saxonne, la droite contre Gross-Beeren; en arrière à gauche, Durutte et la cavalerie de corps, plus à l'ouest la 1re division saxonne, qui, au bruit du canon, déboîta et prit la direction Neu-Beeren.

A cette dernière unité Reynier, croyant au voisinage du 12e corps, envoya l'ordre de s'y relier : vaine précaution, car le commandant en chef, insoucieux de son armée, ne devait pas dépasser Ahrensdorf !

Le corps de Bülow se déploya à 1.200 mètres devant le front et l'aile ouest de la hauteur, ouvrant le feu de 60 canons.

Fort vivement ripostèrent 44 pièces saxonnes et françaises. La 2ᵉ division, en ligne derrière son artillerie, éprouva beaucoup de pertes. Durutte entra bientôt en ligne. Plus reculée à gauche, son flanc découvert, la 1ʳᵉ saxonne forma un grand carré flanqué de canons, prête à recevoir la cavalerie ennemie, tandis que ses tirailleurs gagnaient vivement les bouquets de bois en avant de Neu-Beeren.

Lorsqu'enfin le 7ᵉ corps eut 68 pièces en batterie, celles-ci prirent la supériorité du feu. Reynier, supposant la droite couverte par l'offensive de Bertrand sur Blankenfeld, se tenait à l'aile gauche, très menacée, avec l'espérance de voir apparaître le 12ᵉ corps, lorsqu'on lui annonce de forts mouvements de troupes du côté de Klein-Beeren, qu'il n'avait pas occupé : il envoie un colonel d'état-major vérifier cette nouvelle, se refusant à y croire.

Tout à coup entrent en action, d'enfilade, les pièces de la division Borstel, dont l'avant-garde, suivie de près par le gros, se déploie contre le flanc de la position française. Le feu des batteries saxonnes s'affaiblit, puis s'éteint presque. Quant au tir d'infanterie, la pluie persistante le rend impossible : les fusils ne partent pas.

Alors de tous côtés les troupes prussiennes se portent à l'attaque générale. Le régiment du colonel *de Zastrow*, s'élançant contre Gross-Beeren, défile devant Bülow, qui s'écrie : « Suédois et Russes ont les yeux sur vous; « *là-bas derrière nous s'étend Berlin;* sauvez la capitale; « n'oubliez pas que vous êtes Poméraniens! »

Subitement une brigade envahit le village; un renfort de deux bataillons avec une batterie, envoyé par Reynier, se trouve violemment rejeté en arrière.

XVI

Combat de Gross-Beeren

Rien n'était perdu, car la 1re division saxonne menaçait l'ennemi du côté de Neu-Beeren.

Un témoin oculaire prussien s'exprime ainsi : « Une « poussée hardie de cette masse dans le flanc droit de « l'attaque l'eût mise en grand danger; une telle offen« sive ne fut pas essayée, fort heureusement ».

On devait la prescrire plus tard, c'est-à-dire trop tard, pour couvrir le repli de la 2e saxonne.

Il restait encore la division Durutte, intacte. Mais elle est ébranlée par la retraite des Saxons et la vue des batteries se retirant au galop, engagées jusqu'au dernier instant, avec tant d'opiniâtreté que plusieurs pièces tombent aux mains de l'ennemi. Le général Devaux demande en vain à la cavalerie de l'aider à reporter sa brigade en avant.

Trois bataillons de la 2e division saxonne couronnent encore la hauteur, complètement débordés. Leur retraite se transforme en débandade; arrêtés à un fossé fangeux, ils sont presque détruits.

Dans l'obscurité naissante, la cavalerie saxonne couvrait son infanterie. Un major prussien s'y heurte et, la prenant pour celle de son corps d'armée, l'exhorte à charger, lorsqu'un coup de sabre le ramène à la réalité.

Alors apparaît, tardive, la cavalerie prussienne sur le champ de bataille.

Elle charge un bataillon Durutte et le disperse. Nos uhlans saxons (1) la rejettent et sont eux-mêmes bousculés par les escadrons de landwehr; ralliés, ils font une tentative, définitivement repoussée.

En ce moment le 7e corps se trouve à l'abri des lisières boisées. Les Prussiens arrêtent la poursuite.

Pendant sa retraite à travers la forêt, un bataillon, s'étant perdu, vient à Ahrensdorf : *c'est ainsi que le général en chef apprend sa défaite !*

(1) Les hussards saxons ont été envoyés en arrière pour ouvrir les voies à l'infanterie.

XVII

Retraite des deux partis

Portons-nous maintenant au 12e corps.

Arrivé l'après-midi à Ahrensdorf, but de sa marche, Oudinot, entendant le canon, dirigea vers Gross-Beeren la division de cavalerie et celle d'infanterie Guilleminot, qui atteignirent à la nuit le champ de bataille, évacué par les combattants. L'infanterie resta à la lisière des bois, soutien de la cavalerie, qui en déboucha malgré l'obscurité et heurta si brusquement un bivouac ennemi que dans sa surprise elle tourna bride, en désordre.

Bientôt ce fut une course affolée, dont la direction malencontreuse, Gross-Beeren, augmenta les extraordinaires péripéties. Les hussards prussiens, qu'entraîne le torrent, s'y enchevêtrent et sont eux-mêmes suivis de près par une partie encore compacte de la cavalerie française. Le tourbillon draîne au passage les uhlans prussiens, des patrouilles, des officiers rejoignant leurs corps et renverse un escadron de la réserve de Bülow.

Cette masse emballée de 2.000 chevaux surgit en face de Gross-Beeren, s'écoule d'un côté, et aborde l'infanterie : heureusement aucun fusil ne veut partir. De Zastrow, saisi à cheval par l'ouragan, est désarçonné. Un autre colonel, qui réussit à s'échapper suivant une tangente, se présente seul en face d'un bataillon de landwehr, qui faillit l'écharper : « C'est un Français, criaient les hommes, à mort ! tuons-le ! »

Tout disparaît enfin dans un invisible lointain, et le silence du repos et de la mort règne de nouveau sur le champ de bataille.

La division Guilleminot reprend le chemin d'Ahrensdorf.

Cette chevauchée fantastique fait réfléchir Bülow à son isolement devant les 7e et 12e corps, car il croit ce dernier très voisin. De nuit il se met en retraite sur Heinersdorf, laissant une forte arrière-garde autour de Gross-Beeren.

Oublieux des lendemains d'Iéna, il néglige de compléter son succès en profitant du désordre de l'ennemi et renonce ainsi à cueillir les lauriers de la victoire !

Oudinot de son côté, à la faveur de l'obscurité, retire le 12e corps sur Trebbin, se couvrant de la Nutte, gardée par les Bavarois !

Le 7e corps, après une halte pour remettre en ordre ses unités, atteint Witstock, où il bivouaque.

Bertrand, bien qu'ayant une légère supériorité numérique (1), était resté inactif du côté de Blankenfeld, comptant sur les progrès de Reynier pour obliger Tauenzien à décamper. Il ignore encore ce conseil, désormais classique, que vient de donner l'Empereur : « La guerre « ne se fait qu'avec de la vigueur, de la décision et une « volonté constante : *il ne faut ni tâtonner ni hésiter* (2). »

Apprenant la mésaventure de Reynier, il s'empresse de battre en retraite.

(1) *Bertrand* : 17.700 hommes, 48 pièces ; — *Tauenzien* : 13.000 hommes, 40 pièces.
(2) Lettre du 16 juin. (*Correspondance de Napoléon.*)

XVIII

Thiers et Camille Rousset

Ces événements étaient assez mal connus.

L'illustre historien *du Consulat et de l'Empire* fait de Reynier un chef téméraire et léger, poussant de l'avant sans réflexion et tombant ainsi naïvement en face de l'armée du Nord tout entière, se retirant ensuite lentement lorsque le désastre est causé par la fuite inopinée et coupable des Saxons, tandis qu'une division du 12e corps couvre la retraite.

Nous avons montré que cela est peu exact; quant aux responsabilités, c'est Oudinot et non le commandant du 7e corps qu'on doit accuser.

L'Etat-major saxon, dévoué à Reynier, qui était très sympathique aux troupes allemandes de son corps d'armée, émet cependant dans sa Relation l'avis qu'il eut tort de rester sur la hauteur du Moulin : « S'il n'avait « pas absolument la certitude de l'intervention des au- « tres corps, il devait se replier, car la bataille n'était « pour lui d'une nécessité ni tactique ni stratégique; « en cédant un peu de terrain, il aurait combattu le « lendemain dans de meilleures conditions .»

C'est fort juste, mais il ne faut pas oublier que Reynier marchait par ordre et ne pouvait se croire tant abandonné.

M. Camille Rousset de son côté raconte ainsi l'épisode de Gross-Beeren :

« Les corps d'Oudinot n'étaient plus qu'à quelques

« milles de Berlin lorsque, vers la fin du jour, une vio-
« lente canonnade apprit au maréchal que le 7e corps
« était fortement engagé. Avant que le 4e et le 12e corps
« eussent le temps de lui venir en aide, et malgré les
« efforts de la cavalerie légère, c'en était fait; la masse
« de Suédois, de Prussiens et de Russes, réunis sous les
« ordres de Bernadotte, avait gagné la bataille de Gross-
« Beeren (1). »

Il est difficile de dire plus en si peu de mots; à ce résumé brillant nous ajouterons seulement : la victoire n'appartenait-elle pas plus à Bülow qu'à l'impassible Bernadotte?

Celui-ci écrivait avec quelque aplomb le 24 de Ruhlsdorf à Blücher :

« Je me réjouis de vous annoncer que les trois corps
« de l'armée française, qui s'étaient avancés jusqu'ici,
« *n'ont pas osé nous attaquer* par une bataille générale
« dans notre bonne position. Le corps de Reynier fut
« hier après-midi *presque détruit* par Bülow... Nous
« avons pris 26 canons (?)... L'ennemi se retire : 25.000
« Prussiens et 4.000 Cosaques *le poursuivent* (?)... J'at-
« tends des nouvelles pour diriger la marche ultérieure
« de l'armée. »

---

(1) *La Grande Armée* de 1813 (2e édition, 1892).

XIX

Les Saxons

Nous devons encore à Gross-Beeren, et jusqu'à leur funeste défaillance à la bataille de Leipsick, rendre justice à nos alliés : comme leur roi, les troupes saxonnes restaient fidèles et les chefs payèrent de leur personne; onze officiers furent tués et le général von Sahr, commandant la 2e division, tomba grièvement frappé.

Celle-ci se battit bien : c'est elle en effet qui infligea le plus de pertes au corps de Bülow, lequel, dans la courte durée du combat, perdit 28 officiers et 1.100 hommes, tués ou blessés.

La division Borstel n'avait que quelques soldats touchés; par la surprise elle amena sans risques *l'événement* et son attaque foudroyante impressionna d'une manière désastreuse le moral des troupes de Reynier.

Cependant on tint longtemps à notre gauche, et quand nous étions bousculés à droite, assaillis au centre, *des efforts offensifs ne cessaient de se produire du côté de Neu-Beeren*, tandis que des batteries continuaient à canonner le flanc de l'attaque : deux bataillons prussiens devaient converser et déborder notre aile pour nous faire lâcher prise.

La division Durutte, qui s'était brillamment conduite à Witstock, où elle avait subi de fortes pertes, réparera bientôt à Dennevitz une faiblesse passagère. Elle comprenait d'ailleurs un régiment allemand et une compagnie saxonne et l'élément français se trouvait constitué en partie de réfractaires et même de condamnés de certaines catégories.

La vérité historique peut donc se révéler au grand jour sans blesser personne.

XX

La landwehr

A Gross-Beeren se produit un fait d'importance capitale : *l'apparition de la landwehr sur le champ de bataille* à côté des vieilles troupes prussiennes.

Ce combat montre encore, plus que d'autres exemples analogues, combien l'audace et une témérité réfléchie valent mieux que l'indécision et l'inertie, principe si bien exprimé par la belle devise de Moltke : « *Waegen dann wagen*, — peser puis oser ! » Elle aurait convenu au général de Bülow. Si nous la citons ici, ce n'est point pour admirer comment la mit en pratique le maréchal de Moltke, méthodique, mais sans art, qui pesa trop et osa peu. N'est-ce pas une tache dans le succès que son tardif « *Tournez au nord!* » avant *Sedan*, ordre lancé quand tout se trouvait spontanément orienté suivant la direction indiquée par la situation et les renseignements? est-ce une lutte napoléonienne cette bataille de *Saint-Privat*, à laquelle il assiste comme un spectateur quelconque, passif, désintéressé, ignorant des événements et même de sa victoire? faut-il citer encore la surprise stratégique de *Rezonville*, les opérations contre nos mobiles de l'*armée de la Loire?...*

En ce qui concerne Oudinot, qui se retira à Wittenberg, il devait persister et oser, car les 4e et 12e corps, encore intacts, restaient pleins de confiance et d'ardeur, Bernadotte se montrait peu dangereux et Bülow semblait abandonner la partie. C'était le cas d'appliquer *le principe récemment formulé par Napoléon :* « Une fois la résolution prise, il faut la tenir, il n'y a plus ni *si* ni *mais* » (1).

Après Gross-Beeren tout danger n'a pas disparu pour la capitale prussienne : on continue donc les travaux de défense des hauteurs de Berlin.

Le chef du génie, qui n'obtient pas de voitures, improvise des civières pour monter les gazons destinés au revêtement des talus; ses gens les chargeant à peine, il se voit obligé de placer des surveillants à cheval le long du parcours.

« Le travail commence tard et finit tôt, déclare-t-il. « Le soir dès 5 heures, des bandes de polissons viennent « crier autour de la montagne : *assez, c'est l'heure!* A « ce signal, toute la foule dévale vers la ville; les por- « teurs de civières les jettent où ils se trouvent et s'en- « fuient à toutes jambes, comme possédés du diable... « *Les autorités ne trouvent certes point chez les Ber-* « *linois la bonne volonté et le concours patriotique que* « *le pays était en droit d'attendre.* »

La situation s'améliore un peu grâce à l'envoi aux chantiers de 500 prisonniers français; bien qu'ils ne déploient pas sans doute un zèle intempestif, le génie en réclame d'autres, estimant qu'eux seuls pourront terminer les ouvrages.

(1) A Marmont (février 1812).

IIIe PARTIE

OFFENSIVE DU MARÉCHAL NEY

IIIE PARTIE

OFFENSIVE DU MARÉCHAL NEY

XXI

Situation

L'Empereur remporte le 27 août la grande victoire de *Dresde* et Berlin se trouve de nouveau menacé, Ney prenant le commandement de l'armée d'Oudinot.

Avec beaucoup d'habileté le maréchal réussit à sortir de Wittenberg par l'est, ayant l'ordre d'atteindre d'abord Baruth, pour remonter ensuite au nord sur Berlin.

Napoléon compte prendre une position centrale à Hoyerswerda, à deux journées de Baruth; de là il pourra soit soutenir Ney, soit attaquer Blücher ou fondre sur l'armée de Bohême.

Toutes ses espérances vont être brisées une à une.

Chargé de poursuivre les Autrichiens en Bohême, Vandamme est enveloppé à *Kulm* et fait prisonnier (30 août).

Aux appels réitérés de Macdonald, vivement pressé après son échec de *la Katzbach,* l'Empereur se décide à tomber d'abord sur Blücher : le 4 septembre ce général se dérobe, apprenant qu'il a le maître devant lui.

Arrivent alors des nouvelles d'un mouvement de l'armée de Bohême : Napoléon revient le 6 à Bautzen, le 7 à Dresde, le 8 à Pirna. Constatant la fausseté du renseignement, il va se porter *enfin contre Berlin,* quand on lui annonce le désastre de *Dennewitz.*

Nous allons raconter les péripéties de la malheureuse tentative du maréchal Ney.

XXII

Décision de Ney

Le centre de gravité des forces devant Wittenberg tombait à l'ouest de la route de Potsdam : *Bülow* autour de Marsahn (chaussée directe vers Berlin), groupe russo-suédois plus à l'ouest. *Tauenzien,* derrière Seyda (un fort détachement à Zahna), surveillait le vaste secteur compris entre Marsahn et la ligne Elbe - Elster.

Le 5 septembre le maréchal Ney, comme aux beaux jours d'Elchingen, enlève brillamment les positions de *Zahna* et *Seyda;* Tauenzien se replie alors sur Juterbog, croisement des routes de Berlin, Baruth et Dahme.

Baruth est le rendez-vous de l'Empereur. Ce but et la répartition des masses ennemies constituaient les données du problème, dont la solution semblait être : éviter Juterbog, appuyer au sud pour se préserver d'une collision, et, si Tauenzien menaçait d'entraver la marche de flanc, *lui opposer quelque infanterie, beaucoup d'artillerie, toute la cavalerie.* Cependant, le gros de l'armée, filant à tire d'aile, gagnerait le large, *avant que Bülow et Bernadotte aient le temps de savoir, de bouger, d'intervenir.*

Un alinéa de l'ordre d'opérations expose nettement le but : *toute l'armée se porte par Dahme au-devant de l'Empereur!*

L'objectif *Dahme* indique bien que Ney comprend qu'il faut dériver de la direction Baruth; contradiction surprenante : ce thème et les dispositions de détail, qui devaient en découler, présentent une discordance complète :

4e corps (qui rompra *seulement* à 8 heures du matin) : ouvre la marche, *à travers champs sur Juterbog,* devant contourner cette localité à droite (1) ;

7e corps : par Gadegast et Ohna sur Rohrbeck;

12e corps : attendra à Seyda le passage du 7e; halte à Ohna.

Ainsi le maréchal adopte l'orientation initiale Juterbog : affleurer la position probable (2) de Tauenzien, qui ne manquera pas de l'accrocher, c'était s'exposer au danger presque certain de recevoir Bülow en plein flanc, Bernadotte à revers et de livrer une grande bataille qu'on devait actuellement à tout prix éviter.

Il y a plus : l'armée va s'engouffrer dans deux défilés de villages au passage du ruisseau l'*Ahe,* qui coule de *Dennewitz à Rohrbeck.* Son service de renseignements ne pouvait en outre ignorer la nature marécageuse du cours d'eau, habituelle en la région, et des noms tels que Ahe *(ah! ou ha!)* et Rohrbeck *(cuvette de roseaux)* suscitaient la méfiance. Cet obstacle, il fallait le tourner en côtoyant la lisière nord de la Forêt de Seyda, pendant qu'on tiendrait la ligne de l'Ahe par un fort détachement, appelé même à attaquer pour gagner du temps, jouant le rôle de flanc-garde offensive, puis d'arrière-garde.

---

(1) Croquis n° 3.

(2) Ney avait perdu le contact de Tauenzien, mais on savait par les habitants que celui-ci s'était retiré droit derrière lui, sur Juterbog.

XXIII

Mouvement de Ney

L'armée chemine à travers champs, le corps Bertrand en deux colonnes, Reynier avec une formation assez dense : ses divisions saxonnes accolées, Durutte derrière la 1re, chacune ayant son artillerie groupée autour d'elle; la cavalerie garde les flancs; les parcs et convois, que couvre la 2e saxonne, roulent sur un large front (1).

C'est l'embryon de la marche par corps d'armée massés de Moltke à Saint-Privat.

Ici toutefois la belle ordonnance de Reynier devenait inopportune, puisqu'on s'imposait de franchir un défilé. Il fallait au moins jeter des passerelles en divers points de l'Ahe et y pousser à cet effet, soutenue par des escadrons, la compagnie du génie saxonne, affectée à tort à la division de queue.

Le but rêvé devait être : ne point se battre; pourquoi donc cette rupture tardive du 4e corps, pourquoi cet arrêt du 12e à Ohna ?

Une circonstance fâcheuse, grosse de conséquences, vient aggraver le mal : Oudinot n'entend obéir qu'à la lettre des prescriptions reçues; le 7e corps n'ayant pas passé exactement par Gadegast, il reste immobile à Seyda. On le vit plus d'une heure arpenter la grand'-place, sourd aux éclats du canon, appels désespérés de

(1) Les distances prescrites entre les corps, d'une demi-lieue, furent plus grandes dans la réalité.

ses compagnons d'armes; il fallut un ordre pressant du commandant en chef pour le faire démarrer.

Quant au 4e corps, c'était pour lui le cas de rompre au point du jour ou mieux d'effectuer *une marche de nuit.*

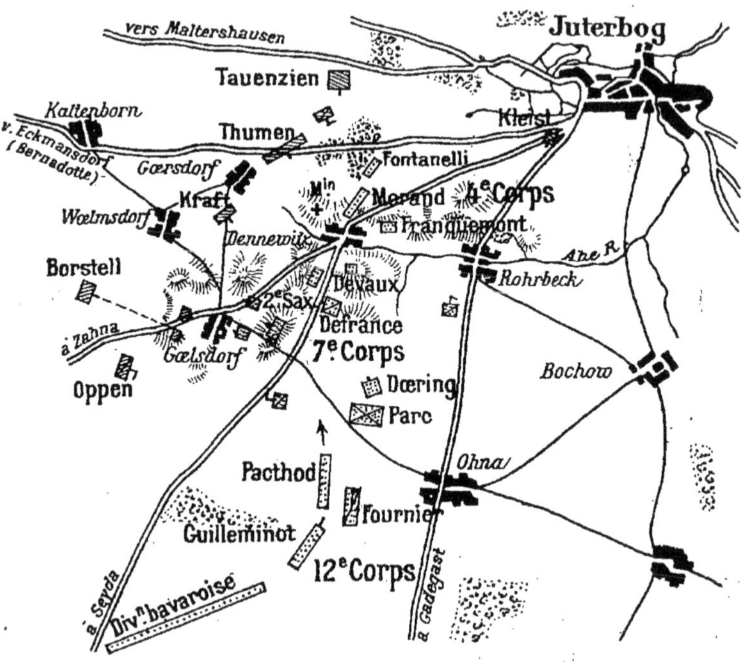

Croquis n° 3. — Bataille de Dennewitz.

Avec l'espace gagner le temps, se cacher, se faufiler, glisser inaperçu, s'écouler vite, fuir en toute hâte : *en cela consistait aujourd'hui le succès, gage pour le lendemain d'une victoire impériale.*

XXIV

Marche de flanc

Notre opinion que, grâce à de meilleures dispositions initiales, Ney passait sans encombre et évitait peut-être Tauenzien, très probablement Bülow, certainement Bernadotte, se trouve en désaccord avec celle de *M. Thiers :* « Le maréchal, moins soumis, dit l'illustre historien, « eût plutôt *différé l'exécution* que de s'exposer aux « chances d'une bataille générale. Mais habitué à ne « pas même examiner la valeur des ordres de Napoléon, « il continua son mouvement de gauche à droite sans « aucune hésitation (1). »

A nous au contraire un autre devoir apparaît, nettement tracé pour le maréchal : *se dérober immédiatement*, et nous croyons avoir montré qu'il le pouvait; adopter une solution *à la Bazaine*, c'était engloutir l'armée dans une place bloquée, faire échouer les vastes plans de l'Empereur, encourir une lourde responsabilité devant lui et devant l'Histoire.

Ainsi que Davout à Abensberg en 1809, Ney devait marcher *au rendez-vous*. En y mettant un peu d'art, il risquait tout au plus d'être importuné par Tauenzien, non de front ni même de flanc, mais sur ses derrières, circonstance sans inconvénient, car l'armée se trouvait alors poussée vers son but, comme un navire qui, vent arrière, chasse devant la tempête.

---

(1) *Consulat et Empire*, livre XXXI.

Apprenant son arrivée à Dahme, l'Empereur mettait à jour une de ces prodigieuses combinaisons qui se pressaient dans son cerveau, en cet instant critique, et qu'il aimait à dévoiler à son entourage étonné de sa sérénité et de son génie; il produisait le coup de théâtre qui aurait terrifié l'Autriche hésitante, influencé le czar sympathique, amené l'écrasement *de la Prusse isolée*, supprimé la catastrophe de Leipsick et changé l'avenir.

L'Histoire en eût été embellie, et peut-être qu'aujourd'hui une puissance florissante, créée par l'Empereur en récompense des services de *nos amis d'alors*, — depuis les vaincus de *Langensalza, Gitchin et Sadowa*, — établirait un heureux équilibre au milieu d'une Europe pacifique, unie pour assurer les droits de l'homme, faire le bonheur des peuples et célébrer les victoires de l'art, de l'industrie et de la science.

XXV

Engagement du combat de Dennewitz

Apprenant à Marsahn la sortie des Français et l'attaque sur Zahna et Seyda, le général *de Bülow* vint lui-même de ce côté les reconnaître et décida de cheminer parallèlement à eux vers Juterbog. Le soir son corps d'armée fut mis en marche (moins la division Borstel, dont disposait Bernadotte) ; sa cavalerie arriva à la nuit tombante; les autres troupes s'installèrent au bivouac dans l'obscurité, sans allumer de feux.

Le général avait envoyé un officier demander du secours au prince de Suède, qui prit une demi-mesure insignifiante, prescrivant à 10 heures du soir que le lendemain matin le groupe russo-suédois appuierait de deux lieues à l'est.

Quant à *Tauenzien,* moins clairvoyant que son collègue, il comprend mal le rôle que lui impose la situation : retarder à tout prix l'ennemi à Juterbog; inquiet de l'éloignement, il désire avant tout rejoindre Bülow. Dans la matinée du 6, laissant son corps d'armée sous les armes, il se rend en reconnaissance à Rohrbeck et voit les Cosaques se replier à l'approche de forces importantes. Son idée fixe de ne pas rester isolé, lui inspire, cette décision extraordinaire : marcher immédiatement vers l'ouest !

Il conserve toutefois un détachement à Juterbog, localité entourée de murs, de défense facile (1).

(1) 4 bataillons, une batterie, quelques cavaliers.

C'était pour Ney une chance inespérée, le corps d'armée de Tauenzien s'éloignant ainsi, allant en sens inverse de Bülow, faisant *chassé-croisé* avec Bertrand.

La queue de l'ennemi quittait son bivouac, la tête atteignait un bois de pins au nord de Dennewitz, lorsque des abords de ce village part *le premier coup de canon :* l'avant-garde du 4e corps débouchait.

Tauenzien fait *à gauche front;* il est 10 heures.

XXVI

Tauenzien

Bertrand avait rompu un peu avant 8 heures — direction Dennewitz — à travers champs (1).

La brigade de cavalerie, qui couvre le flanc menacé, ne remplit nullement sa mission, car elle se contente d'envoyer quelques vedettes à faible distance; d'une hauteur voisine, un major prussien regarde tranquillement défiler nos troupes.

A Dennewitz il fallut *marcher quatre*. La division italienne, débouchant, aperçut tout à coup la colonne Tauenzien à moins d'un kilomètre. Nous avons vu que notre artillerie ouvrit le feu immédiatement, à 10 heures. *Il y eut un instant d'étonnement réciproque*, puis une période de manœuvre.

La division, quittant la direction Juterbog, se déploya face au nord; le général Morand et la cavalerie se portèrent plus à gauche, au moulin de Dennewitz; la réserve (Wurtembergeois) resta en-deçà du village.

Vingt-huit pièces françaises et trente prussiennes se

---

(1) Ordre de marche :

Brigade de lanciers polonais, qui refoule les Cosaques (l'autre brigade de la division de cavalerie sur le flanc);
Division italienne Fontanelli;
Division française Morand et réserve d'artillerie;
Division wurtembergeoise Franquemont (avec sa cavalerie propre); elle couvre le parc d'artillerie et le convoi;

Chaque division d'infanterie marche sur deux colonnes, son artillerie sur le flanc.

répondirent bientôt; le feu de celles-ci s'étant ralenti, les Italiens s'élançèrent sur la gauche ennemie. Tauenzien prononça une contre-offensive qui fut repoussée, tandis que sa droite était attaquée par la brigade de réserve italienne, qu'appuyaient nos lanciers polonais.

Il commença à se replier, la gauche en désordre, une partie de son artillerie hors de combat (midi).

Autour de lui on émet l'avis de ne pas compter sur Bülow, bien qu'il ait annoncé son arrivée, et comme on demande la direction de la retraite, Tauenzien fait cette belle réponse : « Bülow a promis, Bülow viendra; *on ne « doit pas douter du commandant d'un corps d'armée « voisin;* je ferai anéantir le mien plutôt que de cé- « der ! »

Et il ordonne à la cavalerie de charger la gauche ennemie, de balayer tout ce qu'elle rencontrera.

Alors ont lieu des charges brillantes, mais décousues, de neuf escadrons prussiens. Aussi surpris que l'infanterie, ils la heurtent au milieu de nuages de poussière, la traversent, se voient obligés par les Wurtembergeois à faire demi-tour et sont enfin attaqués par les lanciers polonais.

Cet épisode a lieu de midi 1/2 à 1 heure. *Bülow arrivait : Tauenzien avait rempli son but.*

XXVII

A la droite française

Ney, qui assiste au début de l'action, se substitue à Bertrand pour la diriger. Il n'engage qu'une seule division, *sans faire donner les troupes d'élite de l'intrépide Morand,* qui, attaquant de flanc, auraient culbuté Tauenzien.

Vers midi le maréchal appelle sur la rive droite la brigade de réserve (1); sans doute attendait-il son arrivée avant de passer à l'offensive générale, mais *l'instant favorable avait fui,* tandis que la série des événements fâcheux commençait. A peine cette brigade prend position qu'une nuée de nos cavaliers la heurte, bride abattue, y jetant un désordre passager (2). Le flot continue au sud : une fraction se presse dans Dennewitz, le reste passe le ruisseau marécageux et s'y embourbe. Tout ce qui franchit l'Ahe va communiquer la panique au parc, dont chevaux et conducteurs s'échappent affolés.

Ainsi la charge ordonnée par Tauenzien a renversé la situation, devenue défensive au 4e corps, grâce à l'inertie du maréchal Ney.

D'autre part, à 1 heure, pendant que la division Thü-

---

(1) De la division wurtembergeoise. L'autre brigade (Dœring) garde le parc, maladroitement avancé entre Dennewitz et Ohna.

(2) « La division de cavalerie Lorge fut mal engagée et, rejetée en désordre, causa quelque trouble que surmonta la bonne tenue de l'infanterie. » (*Rapport de Ney.*)

men, du corps de Bülow, arrive à Gœrsdorf (1), Morand couvre le flanc de Bertrand et Ney s'efforce de gagner le temps nécessaire à l'arrivée des autres corps. Tauenzien, de son côté, remet en ordre ses unités, se rend auprès de Thümen et, trop impressionné par le succès de sa cavalerie, l'assure qu'il ne s'agit plus que de poursuivre.

L'accalmie dura jusqu'à 3 heures. Alors Tauenzien converse pour jeter Bertrand dans l'Ahe, tandis que Thümen pousse en avant ses bataillons (2). Les Prussiens sont accueillis par la mitraille et le feu de flanc de l'infanterie Morand, qui se porte en avant.

Cette aile de Thümen, qui croyait entamer la poursuite, surprise, se replie vivement : le général comprend qu'il peut seulement protéger la retraite au moyen de sa droite intacte.

Cependant Bülow, témoin de ces événements, fait donner un régiment de réserve, qui se forme en carrés devant l'attaque de nos lanciers polonais; ceux-ci sont refoulés par les hussards et dragons prussiens, puis, désorientés dans la poussière, parcourent le front de l'ennemi et vont se faire sabrer par la cavalerie d'Oppen.

Le régiment continue son mouvement, soutenu par une puissante ligne d'artillerie; les Français progressent aussi, de sorte qu'on se trouve à petite distance sous un *feu d'enfer*. « Je n'en avais jamais vu de pa-
« reil en mes 24 années de service! écrit un major prus-
« sien; je compris que j'étais maître de ma troupe à
« peine pour quelques minutes... Je vis l'ennemi faire
« demi-tour, le cœur soulagé. »

---

(1) Ne pas confondre *Gœrsdorf* et *Gœlsdorf* : Gœrsdorf, au nord-ouest de Dennewitz; Gœlsdorf, au sud-ouest.

(2) Sur Gœrsdorf et une hauteur voisine.

Notre retraite s'exécuta en bon ordre. Un escadron ennemi, qui essaie de charger l'infanterie intacte, est à peu près détruit.

Le régiment prussien couronne la position abandonnée, où sont bientôt réunis treize bataillons et une nombreuse artillerie.

XXVIII

A la gauche française

Laissant Bertrand, ou plutôt Ney, s'acharner dans sa lutte au nord du champ de bataille, suivons les événements qui se déroulent à l'ouest.

La division Kraft, du corps de Bülow, se trouvait à 2 h. 1/2 entre Gœrsdorf et Gœlsdorf.

Le 7e corps, continuant sa marche assez lentement à cause de la chaleur et de la poussière (1), était à 1 heure à mi-chemin d'Ohna à Rohrbeck, lorsque Reynier remarqua la retraite précipitée de la cavalerie, la panique des parcs et convois, et comprit que les affaires prenaient mauvaise tournure au 4e corps.

Alors arriva l'ordre du maréchal Ney de soutenir la gauche de Bertrand. Là fut envoyée la division Durutte, la plus proche; bientôt Reynier dut diriger aussi du même côté les divisions saxonnes, en raison de l'approche de forces ennemies venant de Wœlmsdorf.

Le corps d'armée s'avança péniblement au milieu des voitures accourant en désordre de Dennewitz.

Les troupes saxonnes les plus avancées se hâtaient sur Gœlsdorf : ce fut *une course au clocher*, un bataillon prussien s'y précipitant aussi; il fut devancé d'un instant par une brigade saxonne, qui s'établit à droite.

A son arrivée, la 2e division forma échelon en arrière

---

(1) Une partie de la brigade de cavalerie saxonne surveillait Rohrbeck, l'autre était auprès du parc.

de la 1re, avec la cavalerie Defrance; leur artillerie ouvrit le feu. Deux bataillons et une batterie, à gauche, tenaient en respect la cavalerie Oppen. Kraft retira un peu sa droite, attendant les renforts.

Cependant Reynier a appelé plusieurs fois Oudinot et la tête du 12e corps apparaît.

Du côté prussien la division Borstel est visible à l'horizon. Pour gagner un peu de temps, *Bülow engage sa dernière réserve :* trois bataillons, qui enlèvent Gœlsdorf (4 heures).

Borstel avait devancé ses troupes pour s'orienter sur la situation. Son artillerie entre en action pendant qu'il déploie sa division à droite de la précédente.

A l'extrémité méridionale du champ de bataille, les masses de cavalerie adverses s'observaient, soulevant d'immenses nuages de poussière.

XXIX

Décision du combat

Oudinot arrivait enfin et se formait en réserve derrière les Saxons. Un régiment alla reprendre Gœlsdorf. Borstel, très menacé à sa gauche, recula : il ne lui restait que quelques bataillons intacts, alors que les troupes prussiennes, ayant combattu aux alentours, étaient presque détruites.

A cette heure décisive, il fallait jeter le 12e corps contre la droite de Bülow et amener ainsi *l'événement* avant l'arrivée de Bernadotte.

Cela n'eut pas lieu.

Ney ne bougeait toujours pas de son observatoire de Dennewitz : il pensait encore à percer sur Juterbog ! En sa conception obscure de la situation, lui vint une inspiration malheureuse : il prescrit à Oudinot de se porter au secours du 4e corps.

Reynier allait pousser à gauche avec toutes ses forces et s'efforçait d'entraîner le chef du 12e corps; à la nouvelle de cet ordre fatal, *il le supplie* de lui laisser au moins une division. Mais, esclave de la lettre, *Oudinot refuse,* malgré la situation si claire qui se présente à lui.

Le 12e corps défila donc derrière les Saxons, sur lesquels ce retrait de troupes malencontreux fit une fâcheuse impression.

Bülow ordonne alors un avancement général de toute la ligne.

En peu de temps les Saxons perdent Gœlsdorf et les hauteurs au nord.

La division Kraft marche à l'attaque, appuyée par la cavalerie et de nombreuses batteries. Le mouvement s'exécute si brusquement que nos Saxons sont surpris. La brigade de dragons de la division Defrance arrête un instant l'ennemi pour leur permettre de gagner quelques centaines de pas en arrière.

Reynier est ainsi bousculé à 5 heures, tandis que *Morand* se voyait rejeté au sud de Dennewitz.

A ce moment *Bertrand* abandonnait sa dernière position devant Rohrbeck.

XXX

Retraite tactique des Français

Si l'on quitte un instant le champ de bataille, à la recherche du commandant en chef de l'armée du Nord, nous le trouvons à Eckmansdorf, *déployant* les corps suédois et russe, comme à une parade, à une lieue de la lutte. Lorsque Bülow connut ce contre-temps, il lui dépêcha un officier pour présenter cette remarque : « *La* « *bataille n'est pas finie! la situation exige un avance-* « *ment immédiat.* »

Bernadotte, sans s'émouvoir, montre d'un geste plein de fierté ses troupes en bataille :

« Voilà, dit-il, 60 bataillons, 10.000 chevaux, 100 ca- « nons! je vous amène des masses *dont la vue seule* « *suffit à décider la victoire.* Que Bülow démasque le « front : avant dix minutes, l'ennemi donnera le signal « de la retraite! »

Bülow se garda bien de passer en seconde ligne.

Borstel de son côté avait fait demander au prince de Suède de secourir l'aile droite : les hussards et leur batterie à cheval furent détachés et figurèrent à l'attaque de Gœlsdorf, mais cette dernière envoya ses boulets dans le dos des Prussiens attaquant le village. Bernadotte fit ensuite marcher une brigade de cavalerie russe et trois batteries.

Revenons à la bataille. Le combat d'artillerie prit une extrême violence et causa des deux côtés de grandes pertes.

Borstel progressait, donnant la direction Ohna. Derrière s'avançait Kraft, appuyé par la cavalerie russe et celle d'Oppen.

Du côté français, le recul du 7ᵉ corps entravait la marche de flanc du 12ᵉ. La division de tête (Pacthod) se déploya à la hâte pour soutenir les Saxons, mais se laissa mettre en désordre par leur retraite.

Alors se dégageait en pleine lumière la faute lourde d'avoir accumulé devant Ohna les voitures qui, se dispersant en éventail, rendaient les mouvements impossibles.

Reynier essayait de mettre de l'ordre et des fractions des trois corps se rassemblaient autour de lui. A sa gauche étaient les Bavarois, à droite le 4ᵉ corps. Il fit bonne contenance contre la cavalerie ennemie et s'efforça d'appuyer vers la forêt pour gagner un abri.

Le champ de bataille présentait un aspect lamentable. Dans les éclaircies entre d'épais nuages de poussière, on voyait les soldats du train fuyant au galop sur leurs attelages, après avoir coupé les traits, — au milieu du désordre de l'infanterie massée, ou en petits paquets, les généraux levant leur épée pour tenir leurs troupes rassemblées, — les cavaleries Fournier et Defrance cherchant un refuge auprès de l'infanterie, qu'elles bousculaient en la traversant. Les boulets de l'artillerie ennemie augmentaient le désordre.

Ce spectacle rappelait la scène de la Bérézina; *d'instant en instant l'armée fondait en ses atomes.*

L'infanterie prussienne devint heureusement peu

mordante, occupée à remettre de l'ordre dans ses unités. Les ombres de la nuit commençant à s'étendre sur le champ de bataille, Bülow ordonnait à la tête de faire halte entre Bochow et Ohna. De nombreuses troupes restaient autour de Rohrbeck, épuisées, les Russes et Suédois à Juterbog; une division (Hirschfeld) était même encore à Kaltenbronn.

XXXI

Retraite stratégique

Reynier, convaincu qu'on ne pourrait de longtemps reprendre les opérations et qu'il importait de se mettre en sûreté pour se réorganiser, *retraita* vers la place de Torgau et décida Oudinot à l'y suivre.

Ney, avant d'arriver à Ohna, donne de son côté l'ordre de se replier sur Dahme (1); c'était trop tard pour imposer cette direction : le suivirent seulement une partie du 4e corps et la division bavaroise du 12e; celle-ci le quitta même bientôt pour se porter sur Torgau.

Un détachement prussien, qui rejoignait l'armée, grossi de fuyards des combats de Zahna et Seyda, occupait Dahme, qu'il évacue en désordre, complètement surpris.

Nos troupes y prenaient quelque repos, lorsque l'ennemi débouchant, l'arrière-garde s'engagea et donna le temps de s'écouler et de prendre assez d'avance.

Inquiet de son isolement, Ney se décida à rejoindre ses généraux et adopta la direction de Herzberg, sur l'Elster, afin de se couvrir de cette rivière. Il y parvint et brûla le pont derrière lui.

La cavalerie et des troupes légères prussiennes apparaissaient enfin : trouvant garnies les hauteurs de la rive gauche, elles renonçaient à la poursuite, tandis que Ney regagnait Torgau.

---

(1) 6 heures du soir.

Dans la nuit du 6 au 7 Bernadotte avait lancé cet ordre de Juterbog :

« A 4 heures du matin les Cosaques et l'infanterie « légère se mettront à la poursuite de l'ennemi. A 10 « heures toute l'armée sera prête à marcher. »

L'après-midi seulement neuf bataillons suédois, mis à la disposition de Bülow, arrivaient à Ohna ; la cavalerie Oppen ne rompit qu'à midi.

Négatifs devaient être les résultats de ces dispositions tardives. Ce n'est pas ainsi que l'Empereur poursuivait après Iéna. *L'exemple laissait une rancune éternelle; comme leçon tactique et stratégique, on l'avait vite oublié.*

L'armée française perdait néanmoins 10.000 morts ou blessés, 13.000 prisonniers ou disparus, 40 pièces et plus de 400 voitures. Elle était désorganisée : « *J'aimerais mieux être grenadier!* » s'écriait Ney, qui n'avait plus aucune autorité. Reynier écrivait de son côté : « J'ai eu « dans cette campagne deux affaires malheureuses où « j'ai éprouvé de grandes pertes, parce qu'animé du « désir de battre l'ennemi et d'obtenir de grands suc- « cès, j'ai peut-être trop tenté la fortune des armes et « trop compté sur l'appui de mes chefs et de mes voi- « sins. »

Nos troupes, sauf la division Morand, avaient manqué de solidité; ce sont celles pourtant qui, à peine remises de cette convulsion, vont lutter sur le champ de bataille de Leipsick.

XXXII

Conclusion

La victoire de Bernadotte (ou plutôt de Bülow) fait croire aux Berlinois que les travaux de défense sont devenus inutiles. Le gouvernement doit réprimander le Conseil municipal et réclamer l'achèvement complet des ouvrages.

Ordre étant donné de déployer plus d'activité, les édiles envoient à Bernadotte une députation, sous prétexte de le féliciter de « *sa* » victoire de Dennewitz, en réalité pour lui demander de supprimer les corvées.

Le prince prend enfin cette décision : « Les habitants « ne devront plus *retrancher.* »

En octobre, voilà déjà cinq mois que les Berlinois remuent mollement la terre et résistent le plus possible aux fâcheuses instructions du gouvernement; les Français ont enlevé les positions avancées, on a renoncé à l'organisation de la guerre de rues, abandonné la ligne rapprochée; inachevées sont les redoutes des hauteurs de Tempelhof et la fameuse enveloppe d'abatis du Weinberg reste à peine ébauchée !

Alors a lieu la catastrophe de *Leipsick :* Berlin est désormais hors de cause.

La campagne de France allait commencer et c'était maintenant *Paris*, pivot de manœuvres immortelles, *Paris*, la capitale patriote, apte à l'enthousiasme, capable de tous les sacrifices, qu'il eût fallu transformer à la hâte en un vaste camp retranché, en une formidable *place du moment!*

BIBLIOTHÈQUE NATIONALE R.F. IMPRIMÉS

TABLE DES MATIÈRES

CROQUIS

Paris et Limoges. — Impr. milit. Henri CHARLES-LAVAUZELLE.

www.ingramcontent.com/pod-product-compliance
Ingram Content Group UK Ltd.
Pitfield, Milton Keynes, MK11 3LW, UK
UKHW020936180726
13838UKWH00002B/978